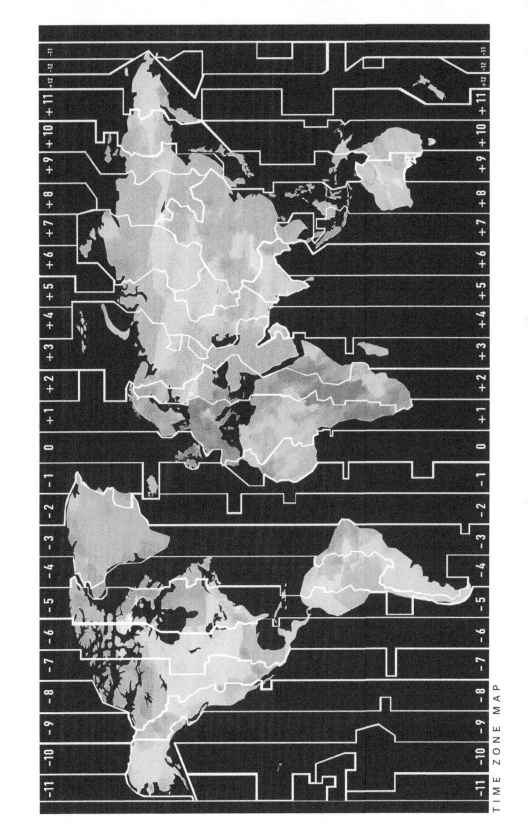

TIME ZONE MAP

DESTINATION(S):

GOOD TO KNOW ABOUT REGION AND CULTURE:

PACKING LIST

TO DO BEFORE LEAVING

BUCKET LIST

- [ ]
- [ ]
- [ ]
- [ ]
- [ ]
- [ ]
- [ ]
- [ ]
- [ ]
- [ ]
- [ ]
- [ ]
- [ ]
- [ ]
- [ ]
- [ ]
- [ ]
- [ ]
- [ ]
- [ ]
- [ ]
- [ ]
- [ ]
- [ ]
- [ ]
- [ ]
- [ ]
- [ ]
- [ ]
- [ ]
- [ ]
- [ ]
- [ ]
- [ ]

BUDGET

| TOTAL: | TOTAL: |

DESTINATION(S):

GOOD TO KNOW ABOUT REGION AND CULTURE:

PACKING LIST

TO DO BEFORE LEAVING

BUCKET LIST

- [ ]
- [ ]
- [ ]
- [ ]
- [ ]
- [ ]
- [ ]
- [ ]
- [ ]
- [ ]
- [ ]
- [ ]
- [ ]
- [ ]
- [ ]
- [ ]
- [ ]
- [ ]
- [ ]
- [ ]
- [ ]
- [ ]
- [ ]
- [ ]
- [ ]
- [ ]
- [ ]
- [ ]
- [ ]
- [ ]
- [ ]
- [ ]

BUDGET

TOTAL: TOTAL:

LOCATION: DATE:

LOCATION: DATE:

LOCATION: DATE:

Made in the USA
Monee, IL
14 January 2023

25314707R00069